IZABELLA - ISABEL DEGEN

WŁOSKIE INCONTRO

Frankfurt / Będzin 2016

„Włochy to sen, który wraca do końca życia.“
/Anna Achmatowa /

ŚWIĄTYNIA W SEGEŚCIE

wzgórza pełne agaw i opuncji
wydeptane ścieżki prowadzą
na skaliste zbocza Monte Varvaro
tu w rozpalonym słońcu stoi dorycka świątynia
masywna a zwiewna zarazem
cudownie lekka jak gdyby za moment
miała unieść się wysoko w górę
rozpływa się w nagrzanym powietrzu
tajemnicza budowla niby wczoraj wzniesiona
nienaruszona czasem pełna dostojeństwa

kładę dłonie na kolumnach
w kamieniach bije utajone tętno
czuję miniony czas
zapach kwiatów i traw
śnię

czy to fatamorgana

Sycylia, 15.09.1999

TAORMINA

migdałowce oblepione bielą i różem
brzęczenie pszczół
dzień przegląda się w słońcu
powiew wiatru
zapach południa
Taormina w kulisach Etny
chmury przepływają jak baranki
myślisz że jesteś w kinie
twoja ręka krąży w moich włosach
kruchością drży dotyk
nagość rozchylającego się kwiatu
gęstniejący zapach twojej skóry
niespokojne palce grają pieśń Amora
muśnięciem ust zamykasz moje usta
zgłoski przeciągasz w szept

życie jest piękne

Sycylia, 15.02.1998

PALERMO

rozsypane perełki palermiańskie
na Starym Mieście
w gnieździe mafii
między górami a morzem

Palermo...
wypłowiałe mury
pałaców na Quattro Canti
kościołów z Madonnami
miasto splata radość i smutek
skleja różne kultury

tu co obce jest nasze
jak swoje śpiewem jednoczysz
a dialekt twój jest muzyką
Arab Norman Hiszpan Grek...
każdy miejsce tu znajdzie

Palermo...
miasto dla wszystkich od wieków

Sycylia, 15.09.1999

SJESTA

w małej kafejce pod parasolem
słońce oplotło mnie tysiącem ramion
leniwe muchy przechadzają się po stole
jakby na cukru okruch czekały

wyczesany barman
z obojętną wobec słońca twarzą
bez emocji rutynowo podaje napoje
filiżanki wonnej kawy

jest południe żar zenitu
ocieram krople potu
sjesta w upał obrosła
nawet w kącie drzemią koty

omdlewa dzień
w rozpalonym słońcu
pachnie lawendą
i zmęczonymi ziołami

długo czekałam
na to gorące lato

Ischia 1998

TRAMONTANA

ponad horyzontem
wędruje po niebie ognista kula
promienie tańczą na falach
topią się w morzu
staram się je schwytać
słońce zanurza i rozpływa
kilka złocistych blasków
przypłynęło falami do brzegu
czuję ich ciepło

nagle wiatr chwycił mnie za włosy
wymierzył policzek i uderzył piaskiem
morze zmarszczyło się w jednej chwili
pociemniało śródziemnomorskim fioletem
i ucichło

nadchodzi noc

SMAK MORZA

najczęściej wędruję brzegiem morza
stopami szukam wolnego kawałka ciszy

morze ma kolor szmaragdu
wyrzuca na brzeg perłowe muszle
z takiej narodziła się Venus

z dłoni wypełnionych muszlami
spadają ziarenka piasku
zamieniają się we wstęgę czasu

sól osiada na wargach na skórze
w nierównym wietrze czuły dotyk fal
wypłoszone mewy zakłócają ciszę

stare łodzie wyciągnięte na piach
poskręcane liny węzły chorągiewki
wszystko ma morza smak

przepełniona tym słonym smakiem
skreślam na dowód parę wersów
są miejsca w których jestem zawsze

klepsydra cicho przesypuje piasek
wsłuchuję się we wstęgę czasu
pasuje do moich marzeń

WDOWY

czarne wdowy
pamięci mężów
noszą na szyi medaliony
kościstymi palcami
od rana przebierają różańce

w południe gotują jeden talerz zupy

po sjeście podążają na cmentarz
by odkurzyć plastikowe róże
wymienić baterie w lampkach
i wdowie plotki

wszystko zgodne z boskim porządkiem
śródziemnomorskich kobiet

Ischia 1996

NOC ŚRÓDZIEMNOMORSKA

pod srebrzystym księżycem
wino pobudza zmysły
orkiestra cykad rozpoczyna muzykowanie
przyroda staje się rajem
dumne cyprysy wsłuchują się w kwiatów namowy
gwiazdy zaczynają migotać zalotnie
w oknach białych domków
schowanych pod rozłożystymi piniami
przechadzają się nagie cienie
róże kolą pocałunkami
w oddali morze uderza o skały
wyśpiewuje pieśń Posejdona

tylko do wschodu słońca

Sycylia, 15.02.1998

WENECJA W KARNAWALE

miasto mostów bazylik pałaców
sznurami bielizny znaczy swe terytorium
duchem bizantyjskim i ciągłym zapachem stęchlizny
z Tycjanem Veronesem i Canalettem
jak powiedział Goethe miasto bobrów ludzkich
salon Europy z sufitem gwiazd
gondole tańczą swe menuety po wodnych uliczkach
unoszą głowy wysoko
zerkają na srebrne odbicie księżyca
weneccy przebierańcy kołyszą zwartym tłumem
na San Marco i nabrzeżu promenady Schiavoni
karnawał karnawałów trwa od wieków
każdy w swojej masce

commedia dell'arte Carla Goldoni

Wenecja, 12.02.1997

KLOSZARD

„Wenecjo moja Wenecjo"
 tak wołał co rano
siedział na kamiennej ławce przy Pałacu Dożów
każdego dnia pozdrawiał gołębie i płynące gondole
w mieście swoich przodków
krył się przed skwarem słońca w podcieniach murów
nasłuchując opowiadań kamiennych ścian
poduszką było mu kilka gazet i plecak bezcenny
niedużo potrzebował do szczęścia
suchą bułkę i skibkę snu
tłum przed nim snuł się
jak kolorowy film z Hollywood
czasem ktoś zapytał skąd przybył i dlaczego tu jest?
on odpowiadał zawsze tak samo
„Wenecjo moja Wenecjo – kocham cię"

od wielu już lat kamienna ławka stoi pusta

krajobraz miasta
pożegnał bezimiennego Dożę

Wenecja, 30.05.1996

BACAROLE

ta melodia
jest słodka jak noc
jak nasze wspomnienia

ta melodia to nasz spacer
do świata uczuć
tajemnych pragnień

te dźwięki muzyki
zapraszają do tańca
i złudnych obietnic

zakochanego gondoliera

Wenecja, 12.04.1998

RONDO VENEZIANO

zachwyćmy się różowym zmierzchem
nad San Giorgio Maggiore
wypijmy wino

dojrzewa noc
i grzechy w winnicach
sen nie rozgrzeszy
weneckich świtów

w głebokim ukłonie
niedokończonego menuetu
żegna nas Serenissima

Wenecja, 13.04.1998

NOC W WENECJI

opustoszała Piazza San Marco
z kawiarni Florian
wychodzą ostatni bywalcy
buty ich gubią resztki dnia
Wenecja układa się do snu
nucąc dźwięki Laguny
gondolierzy odłożyli już wiosła
rozcierają spracowane dłonie
zasypiając nadsłuchują jutra

a gdzieś w ciemych uliczkach
przemyka duch Casanovy
by nocą wkraść się do snów
pięknych wenecjanek

Wenecja, 12.04.1998

ACQUA   ALTA

miasto
ani to ląd ani to woda
hybryda kąpiąca się w Adriatyku
zanurzone pałace stoją od wieków
a czas mierzony jest oddechem przypływu

powódź jest jak chleb codzienny
przy dźwięku syren
opuszczane są stalowe zapory
Wenecjanie wciągają kalosze
na wytyczonych passarellach
płynie dalej życie

od wieków grozi miastu śmierć
w mule i pod wodą
lecz mimo tego bytują szczury
odwieczni towarzysze człowieka

dopóki żyją szczury
będzie żyć Wenecja

Wenecja, 05.05.1997

WŁOSKIE BUTY

Plac św. Marka
co za szczęście
tu postawić zmęczoną stopę
rzucić wilgotne spojrzenie
na Most Westchnień
a pod bramą *dell'Orologio*
posłuchać bicia serca Wenecji
i oddać hołd włoskim butom

Wenecja, 29.04.1997

WENECJA W GRUDNIU

kiedy dni stają się krótkie
a morze jeszcze oddycha
barwami późnej jesieni
odpoczywają wyspy Laguny

poranki zasłane mgłą
białe welony snują się na San Marco
by w południe odpłynąć z wiatrem
na czarnych gondolach

czasem śnieg tu poprószy
jak mąką posypie po placu
przypomni Wenecji o zimie
w grudniu zasypia miasto

Wenecja, 30.12.1998

SUONI DI VENEZIA

Wenecja cichnie wieczorem
wtedy prawdziwie ją słychać

trzaski drewnianych okiennic
stukot obcasów na kamiennych mostach
szepty fal odbijających się od brzegu
staccato majowego deszczu
i dostojny dźwięk dzwonów

w ciszy usłyszysz wszystko

Wenecja, 04.05.1997

INCONTRO IN ROMA

spotkajmy się przy Trevi
w marmurowej kolumnadzie
by deptać po śladach milionów ludzi
w poszukiwaniach naszego *dolce vita*

oślepieni fontanny pięknem
zza pleców rzucamy kilka monet
by tu powrócić lub pozostać

pod gwiazdami w milczeniu
pełni słodkich marzeń

Rzym, 1993

TU W NEAPOLU

tu słońce z wiatrem jest zawsze w zgodzie
tu sztorm jest codziennością
Neapol tańczy Neapol śpiewa

tu kobiety namiętnie kochają
dziś i jutro niepewne jest
życie tętni pulsuje i zgrzyta
bo tu żyje się z dnia na dzień

leniwym porankiem w labiryncie ulic
mężczyźni grają w karty i sączą *un cafe*
każdy tu śpiewa *o sole mio*
ten hymn radości i bólu

tu życie warkoczem się plecie
rozpala słońcem balkony
bielizna sucha jak pieprz
jest świadkiem dnia i nocy

Wezuwiusz dzierży los miasta
daje ludziom życie i szczęście
cierpienie i śmierć
a namiętność mieści się
w jednym słowie *passione*

ISCHIA

miniaturo ziemskiego raju
jesteś moją przystanią
gdy wyłaniasz się z morza
zielenią szpiczastych pagórków
twoje słoneczne brzegi kuszą
w sercu mieszka Epomeo
z radości płacze łzami źródlanej wody
dawno uśpiony stary wulkan

Castello Aragonese
termy Casamiccioli
ogrody Posejdona
wszystko jak niekończący się sen
magiczna wyspa zaprasza
na małe *dolce farniente*

Ischia 1996

RAVELLO

Ravello zawisło na skałach
raju amalfitańskiej krainy
z przykutymi do skał palmami
bliższe niebu niż morzu
a w dole droga co do jego serca
wije się arteriami

willa Rufolo zaprasza
do atrium z krużgankami
gdzie zaczarowane ogrody
dumnych oleandrów
biją pokłony różom
ścielącym się u stóp

za każdym rogiem pachnie cytrynami
można odpocząć na majolikowej ławce
i zapatrzeć się w bezkresne morze

Costiera amalfitana, 1996

WŁOSKIE CAMPANILE

otwieram okno
niedziela rano
wdziera się powietrze
i pierwsze dzwony
z ich oddechem
majestatycznie pulsuje serce
nadsłuchuję
poddaję się wibracjom

rozgadały się wszystkie
zawtórowały echem czasu

jak żyją ludzie
tak dzwonią dzwony

TOSKANIA

na wygrzanych murach Etrusków
płożą się kapary
w dali srebrzą się oliwne gaje
a przy drodze święte drzewa cierpią
powykrzywiane w swej ułomności

łąki i pagórki pachną tymiankiem
w złocie południa pławią się kamienne domy
cyprysy wiekowe winnice
i smukłe campanile

stare kościółki z zimnymi piwnicami
z popękaną posadzką z terakoty
skryły tajemnice czasu i wina

***

in vino veritas

FLORENCJA

świt ponad rzeką Arno
poniewiera poranną mgłę
owija mosty pałace kościoły
piękno tonie w szarości

poranek zbudził się
wyciąga dłonie do słońca
osusza z mgły pałace wieże
dzwonnice domy

promienieją pięknem wille Medyceuszy
Katedra Santa Maria del Fiore
mosty dzwonnica Giotta
i ogrody Boboli

ulice ożywają współczesnością
hałasem samochodów
dźwiękami komórek
rozgwarem miasta i ludzi

kołem się toczy
codzienny spektakl serca Toscanii

VIA CAPPELLO

za każdym rogiem
pielgrzymki zakochanych
w poszukiwaniu miłości

w domu przy Via Cappello
ściany pełne wyznań
spisanych przez kochanków
którzy na życie i na śmierć
w Weronie uwiecznili przysięgi

zapisuję nasze imiona
niech przetrwają
pod osłoną błękitu
i nocy pełnych gwiazd
tak jak przetrwała przez pięćset lat
szekspirowska miłość
Romea i Julii

Verona 1996

PODRÓŻ   W CZASIE

włoska promenada słońca
wyścig z czasem
ucieczka od codzienności
od wczoraj
od dzisiaj

kilometry odległości
przewijają film krajobrazów
mijam setki samochodów
z południa na północ
z północy na południe
w monotonii podróży
w poszukiwaniu minionego czasu

jestem tu gdzie cię pożegnałam
drogowskazy uczuć
wypełniają nasze miejsca
wydeptanych ulic
wypalonych pocałunków
zasunutych dymem wspomnień

powtórki z miłości już nie będzie
wspólna podróż dobiegła końca

MAŁY SŁOWNICZEK WŁOSKI

bacarole – barkarola, pieśń gondolierów

campanile –   dzwonnice

dell'Orologio – brama zegarowa w Wenecji

dolce vita – słodkie życie

dolce farniente – słodkie lenistwo

incontro – spotkanie

in vino veritas – w winie prawda

passione – namiętność

passarella – kładka

Serenissima –najjaśniejsza, dawna nazwa Wenecji

suoni di Venezia – dźwięki Wenecji

o sole mio – moje słońce

un cafe – mała kawa, espresso

PUBLIKACJE AUTORA

Wygrać siebie - 1995

Opowiadania nie z tej wyspy - 2008

Geschichten aus meiner Insel - 2012

W rytmie Ziemi - 2013

Na zakrętach życia - 2014

Myśli na wskroś przeczesane - 2014

Mit dem Rhythmus der Erde - 2015

Włoskie incontro - 2016

ŚLADAMI WSPOMNIEŃ IZABELLI DEGEN

„Świat jest tak wielki i bogaty, a życie tak pełne różorodności,
że nigdy nie braknie okazji do wierszy."

/Johan Wolfgang Goethe /

Różnymi miarami można mierzyć poezję. Ale jedno jest pewne,
że powinna ona wyrażać tę szczególną wrażliwość serca poety,
która nas inspiruje, zachwyca i wzrusza. Taka właśnie jest poe-
zja Izabelli Degen: łączy w sobie umiejętność postrzegania, wy-
rażania emocji w prosty, poetycki sposób i wpływania na nasze
doznania poprzez pełne liryzmu serce.

Impresje poetyckie Izabelli Degen, znajdujące się w tym tomiku,
powstały podczas częstych pobytów Autorki we Włoszech, w la-
tach od 1993 do 2000 roku.

W zapiskach początkowo znajdowało się kilka wersów lub krót-
kich sformułowań, które z czasem zaowocowały jak świeże włos-
kie frutti di mare - wspomnieniami z tamtych lat.

Każdy z nas w głębi serca jest poetą, lecz nie każdy uwiecznia
przeżycia w formie zapisu. Izabella Degen wnikliwie obserwuje
życie, przenosi te obserwacje w formie reminiscencji na kartki
swoich pamiętników, a uwieczniona poezja żyje w Niej. Potrafi
wcielić się w przeżycia weneckiego kloszarda, wprowadza nas
w świat karnawałowej weneckiej parady, umie zachwycać się
śródziemnomorską nocą, starożytną świątynią w Segeście czy
grudniową Wenecją, wolną od tłumu turystów.

Może ten zachwyt niezwykłymi obrazami wynika z malarskich
umiejętności artystki, a może jest wynikiem jej reporterskich ob-
serwacji?

Poetka tworzy wiersze, które żyją, rozbrzmiewają dźwiękami
dzwonów, stukotem butów i ulicznym gwarem miasta.

Ich wymowa ukazuje nam jednocześnie marzenia Poetki, które są jak wyrzucane na brzeg perłowe muszle: spełnione delikatnym zapisem szumu potężnych morskich fal. Bo pomimo, że wiersze są pełne emocji i obrazów, to nie ma w nich nadmiaru liryzmu i metafor:

„czuję miniony czas
zapach kwiatów i traw
śnię

czy to fatamorgana"

Zbiór ten można porównać do włoskiego fresku, który zawiera wiele detali włoskich, ale w efekcie tworzy jednorodną całość. Impresje prowadzą nas poetyckim szlakiem wspomnień, który nam uzmysławia jednocześnie wielką fascynację Poetki do kultury włoskiej i Jej niekwestionowany zachwyt do piękna włoskiej ziemi.

Jaga Rudnicka

IZABELLA ISABEL DEGEN urodziła się w 1946 w Olsztynie. Jest malarką, pisarką, poetką i dziennikarką. Aby wyrazić swoje przemyślenia, zawsze chętnie sięga po pióro. Była wielokrotnie wyróżniana w konkursie literackim LIMES w Siedlcach. Literacki debiut miał miejsce w 1991 roku, w wydaniu pokonkursowym, zbiorowym - "Cudzoziemski mąż", Wydawnictwa Polonia.

Następna książka, pt: „Wygrać siebie", ukazała się nakładem Wydawnictwa Arboretum w 1995 roku. W 2008 roku zostały opublikowane „Opowiadania nie z tej wyspy", które zostały przetłumaczone na język niemiecki.

W Jej dorobku literackim znajdują się również wiersze i opowiadania, które ukazały się w niemieckich antologiach. Utwory Jej można znaleźć w wielu almanachach i periodykach. Jako poetka debiutowała w 2013 roku tomikiem poezji pt. „W rytmie Ziemi". Od 1987 roku przebywa poza granicami Polski.

Mieszkała w Hiszpanii na Teneryfie, obecnie - we Frankfurcie nad Menem, w Niemczech.

Jest zrzeszona w Polskim Stowarzyszeniu Autorów, Dziennikarzy i Tłumaczy w Europie – A.P.A.J.T.E z siedzibą w Paryżu, Niemieckim Stowarzyszeniu Dziennikarzy DVPJ, oraz w Stowarzyszeniu Literacko-Artystycznym – STAL w Krakowie .

www.ingramcontent.com/pod-product-compliance
Lightning Source LLC
LaVergne TN
LVHW051125180726
843512LV00012B/930